플라스틱은 무척 질긴 물질입니다. 우리는 이 플라스틱의 40퍼센트를 한 번 사용하고는 버려지는 포장재로 사용하고 있습니다.

플라스틱 병 하나가 바다에 들어가게 되면 그것은 450년 동안이나 썩지 않고 바닷속을 떠다니게 됩니다.

플라스틱
얼마나 위험할까?

Plastik? Probier's mal ohne! by Dela Kienle, illustrated by Horst Hellmeier
©2019 Carlsen Verlag GmbH, Hamburg, Germany
All Rights Reserved

Korean translation ©2020 by Nikebooks
Korean translation rights arranged with Carlsen Verlag GmbH
through Orange Agency

이 책의 한국어판 저작권은 오렌지 에이전시를 통해
Carlsen Verlag GmbH와 독점 계약한 도서출판 니케북스에 있습니다.
저작권법에 의해 한국 내에서 보호를 받는 저작물이므로
무단 전재와 무단 복제를 금합니다.

플라스틱
얼마나 위험할까?

델라 키늘레 지음 | 호르스트 헬마이어 그림 | 조연주 옮김 | 전의찬 감수

비케주니어

추천의 글

최근 미세 먼지의 일상화로 환경에 대한 관심이 커지고 있습니다. 미세 먼지 못지않게 전 국민에게 공포와 충격을 안겨준 것이 있다면 미세 플라스틱을 포함한 플라스틱 쓰레기 문제를 들 수 있을 것입니다.

더군다나 아침식사까지 배달하기 시작하는 등 극도의 편리함을 추구하는 생활 패턴과 온라인 중심의 유통산업 변화는 플라스틱 포장 쓰레기의 급증을 초래하고 있습니다. 이러한 때에 플라스틱의 발명 기원부터 제조법, 다양한 종류, 광범위한 사용처, 분해 과정까지 플라스틱에 관한 모든 정보와 그 위험성까지 상세하게 담고 있는 이 책이 출간되었습니다. 매우 반갑고 고마운 마음에 재미까지 더하여 마지막 페이지까지 단숨에 읽어낼 수 있었습니다.

이 책은 플라스틱의 위험성을 매우 실질적이고 흥미롭게 기술하고 있을 뿐 아니라 플라스틱 사용을 줄일 수 있는 서른 가지 방법도 매우 꼼꼼하고 세심하게 제시하고 있어 환경 분야에서 오래 일해온 사람으로서 큰 감동을 받았습니다.

지금까지 접했던 이 분야의 다른 책들보다 내용이 간결하면서도 충실하고 실천적이어서 아이들뿐 아니라 부모님께도 일독을 권합니다. 자녀 교육 면에서도 상당한 도움을 주며 우리의 환경을 지키는 일에 본보기가 될 수 있는 좋은 계기가 될 것이라 믿으며 강력히 추천합니다.

이규용 (전 환경부장관, 현 환경한림원 회장)

스마트폰, 옷, 가방 등에 이르기까지 우리 주변은 온통 플라스틱 천지입니다. 플라스틱은 손쉽게 원하는 형태로 만들 수 있고, 다양한 성질의 플라스틱 화합물을 만들 수 있기 때문에 포장재, 가구, 장난감, 건축자재, 자동차 내장재, 가전제품, 농기구 등 다양한 용도로 사용됩니다. 그래서 플라스틱을 '20세기 기적의 소재'라고 하고, 현대를 '플라스틱시대'라고 부르기도 합니다.

시간이 지나도 분해되거나 변형되지 않는 것은 플라스틱의 큰 장점입니다. 그런데 이러한 장점이 오히려 해가 되어 사용하고 난 플라스틱은 썩거나 자연 분해되지 않고 토양을 오염시키고 바다에도 그대로 쌓이게 됩니다.
인류가 플라스틱을 발명한 것은 분명 인류에게 축복이어야 합니다. 그런데 플라스틱을 아무런 제한 없이 사용하고, 또 사용한 플라스틱을 마구 버리다 보니, 곳곳에서 플라스틱의 역습이 시작되었습니다.

이 책은 플라스틱에 관하여 우리가 꼭 알아야 할 필수적인 정보를 제공하고 있습니다. 또, 잘못 사용하게 되면 닥쳐올 위험에 대해서도 이해하기 쉽게 알려줍니다. 무엇보다도 플라스틱 사용을 최소화하는 '서른 가지 아이디어'도 제공하고 있습니다. 부디 이 책이 널리 읽혀서 20세기 인류의 축복이었던 플라스틱이 제 역할을 할 수 있게 되기를 바랍니다.

전의찬 (세종대학교 교수, 기후환경융합센터장)

지금 우리 인류가 해결해야 하는 최대 과제 중 하나는 기후 위기와 미세 먼지 그리고 플라스틱 쓰레기 문제입니다. 우리나라는 석유 한 방울 나지 않는데도 온실가스 배출량이 세계 7위이며, 1인당 플라스틱 배출량도 세계 1위입니다. 오늘 아침에도 플라스틱 컵에 든 음료수를, 페트병에 든 생수를 마시고 있습니다. 이러한 상황에서 아동을 대상으로 쓴 《플라스틱 얼마나 위험할까?》의 출판은 참으로 시의적절하다고 생각합니다.

이 책은 플라스틱의 발명에서부터 플라스틱의 용도와 편리함 및 부작용은 물론, 과도한 플라스틱 사용에 따른 환경 파괴로 사회적 비용이 엄청나게 들어간다는 사실을 잘 설명해주고 있습니다. 여기서 나아가 플라스틱 사용량을 줄여 우리의 환경을 살리는 방법도 자세히 전하고 있습니다.

이 책을 본 후 일회용 플라스틱 컵 대신 텀블러를 가지고 다니고, 비닐봉지를 쓰지 않고 헝겊 장바구니를 들고 다닌다면 곧 훌륭한 환경운동가가 되는 것입니다. 이 책이 환경 보호 실천의 지침서가 되었으면 합니다.

최열 (환경재단 이사장)

페트병에 든 음료수를 마시다가 음료를 흘려서 물티슈로 닦고, 다 마신 페트병은 분리배출함에 넣었습니다. 자, 여기서 문제가 되는 것은 무엇일까요?

정답은 페트병과 물티슈입니다. 페트병과 물티슈는 모두 플라스틱이고 분리배출을 해도 재활용되는 양은 아주 적답니다. 우리나라에서 한 해 동안 사용하고 버려지는 플라스틱 컵은 연간 33억 개인데, 쌓으면 달까지 닿을 정도라고 하네요. 편리하고 가볍다는 이유로 우리는 일상생활에서 비닐봉지, 일회용 용기, 음료수병, 장난감, 가전제품 등 플라스틱을 많이 사용하고 있어요. 이렇게 과도하게 사용된 플라스틱은 수백 년이 걸려도 완전히 썩지 않아 지구의 여기저기에 점점 쌓여갑니다.

이 책은 플라스틱과 환경 문제에 관해 궁금한 점을 친근한 말투와 알기 쉬운 그림으로 알차게 보여줍니다. 환경을 위해 우리가 무엇을 실천할 수 있는지도 잘 알려주기 때문에, 어린이뿐 아니라 학부모와 선생님들에게도 좋은 환경보호 길잡이가 되어줄 것입니다.
나부터 시작해서 우리 다 함께 건강한 지구 만들기를 실천한다면 소중한 지구를 보존하며 건강한 미래를 이어갈 수 있습니다.
우리 다 함께 365일 에코라이프를 실천해요.

하지원((사)에코맘코리아 대표)

플라스틱
: 축복이면서 저주인

우리는 플라스틱의 세계에 살고 있습니다. 여러분이 신고 있는 운동화와 볼펜과 칫솔은 전부 혹은 일부가 합성물질로 되어 있습니다. 플리스 스웨터나 비옷도 마찬가지예요. 슈퍼마켓에서 나눠 주는 쇼핑 봉투나 스마트폰과 컴퓨터, 자동차의 보닛까지, 플라스틱은 우리의 일상생활에서 거의 모든 곳에 쓰이고 있습니다!

플라스틱은 사실 엄청나게 다양한 합성물질로 되어 있습니다.◆ 그런데 우리는 이에 대해 별로 신경을 쓰지 않고 있고, 그러는 사이 거대한 플라스틱 쓰레기 더미가 바다를 더럽히고 있습니다. 연구자들에 따르면, 우리가 마시는 식수는 물론 논밭 그리고 공기 중에도 아주 작은 '미세 플라스틱'이 포함되어 있는데 이 역시 점점 늘어나고 있다고 합니다. 놀라지 마세요. 우리는 오십 년 전과 비교하면 무려 스물두 배나 더 많은, 어마어마하게 거대한 플라스틱 더미를 만들어내고 있습니다.

◆ 보통 플라스틱이라 부르는 물질 뿐아니라, 비닐, PVC, FRP, 스티로폼 등이 모두 플라스틱입니다.

인류가 계속 지금처럼 지낸다면, 2050년쯤에는 엄청나게 크고 높은 플라스틱 산을 쌓게 될 겁니다. 다 합치면 대략 3천 4백만 톤이 넘는 플라스틱 산이 생길 거예요.

그 이유는 뭘까요? 우리는 합성물질로 이루어진 이런 물건들을 대부분 단 한 번만 사용하고는 곧장 내다버립니다. 예를 들어, 비닐봉지는 평균 25분 정도 사용되고는 금세 버려집니다. 현재 만들어지는 플라스틱 제품의 거의 절반 정도는 사용 후 곧장 버려지는 포장 재료로 쓰이지요.

그런데 플라스틱은 매우 질겨서 그렇게 간단하게 사라지지 않습니다. 물론 플라스틱 폐기물들의 일부는 재활용하거나 불에 태워 없앨 수 있습니다. 하지만 그 나머지는 수백 년 동안 땅속에 남아 있게 됩니다.

유럽에서는 플라스틱을 주로 어디에 쓸까요?

놀라운 물질을 발견하다!

우리 120년 전으로 시간여행을 떠나볼까요? 그 당시에는 플라스틱이라는 물질이 없었습니다. 사람들은 나무나 금속으로 일용품을 만들었습니다. 거북의 등껍질로 빗을 만들고 동물의 뼈로 단추를 만들었지요. 그때만 해도 칫솔은 부자들만 쓸 수 있었습니다. 그래서 많은 화학자들이 천연 소재를 대신해서 쓸 수 있는 유용하고 저렴한 물질들을 찾으려 노력했어요.

말하자면 화학자들은 기적의 물질을 찾고 있었습니다. 그것은 유연해야 하고, 가벼워야 하며, 튼튼하고 생산이 쉬워야 했지요. 화학자들은 실험실에서 수백 가지 물질들을 섞고, 압력과 온도에 변화를 주며 여러 조건에서 실험해보았지만 모두 헛수고였습니다.

이 위대한 발명에 성공한 사람은 벨기에계 미국인인 화학자 리오 베이클랜드(Leo Baekeland)였습니다. 1907년 그는 합성수지를 개발하고 특허를 신청했습니다. 검정 또는 갈색을 띤 이 끈적끈적한 덩어리는 거의 모든 형태로 찍어낼 수 있었습니다. 이것이 산업용으로 만들어진 최초의 플라스틱이었고, 이는 대성공을 거두었습니다.

사람들은 곧 합성수지로 재떨이와 전화기, 라디오 등을 만들어냈습니다. 그러자 베이클랜드의 라이벌들도 가만히 있지 않았지요. 이후 수십 년 동안 그들은 셀 수 없이 다양한 종류의 합성물질을 만들어냈습니다.

다양한 색을 입힐 수도 있게 되었고, 어떤 것들은 부드럽게 휘어졌으며, 유리처럼 투명한 것들도 있었습니다. 그렇게 화학계는 새로운 물질들을 점점 더 많이 만들어냈습니다.

1950년대부터 이미 플라스틱은 일상생활에 없어서는 안 되는 물질이 되었습니다. 그 후로 많은 물건들을 대량 생산할 수 있게 되었지요. 예를 들면 여성용 스타킹을 만들 때도 비싼 명주실을 쓸 필요가 없게 되었습니다. 나일론이 있었으니까요. 칫솔 역시 더 이상 비싼 물건이 아니었습니다. 새롭게 개발된 이 '똑똑한' 합성물질은 시간이 지날수록 우리의 삶을 완전히 바꾸어놓았습니다. 그사이 과학자들은 더 가벼운 비행기를 만들기 위해 연구하고, 에어컨 없이도 집을 시원하게 유지할 수 있게 해주는 단열재를 만들려고 노력했어요. 그뿐만 아니라 합성섬유로 만든 셔츠에 오물이 잘 달라붙지 않게 하는 등의 연구도 계속하고 있답니다.

플라스틱 탐정이 됩시다!

플라스틱이라고 다 같은 플라스틱이 아니에요. 플라스틱은 종류가 매우 다양하답니다. 플라스틱은 합성물질의 화학적 결합이 어떻게 다르냐에 따라 나누어볼 수 있습니다. 어떤 것들은 연화제나 강화제 같은 약품을 쓰기도 하지요. 여러분의 집을 한번 둘러보세요. 합성물질로 이루어진 것들이 얼마나 많은가요?

플라스틱은 너무나 다양한 방식으로 만들어지기 때문에 재활용하기가 매우 어렵습니다. 그래서 이러한 합성물질을 더 쉽게 분류할 수 있도록 플라스틱 제품에는 삼각형 모양의 재활용 마크가 붙게 됩니다.

물질명 : PET(폴리에틸렌 테레프타레이트)
특성 : PET는 단단하고 산에 강합니다.
대표적인 제품 : 음료수 병, 포일, 플리스 스웨터를 만드는 섬유 등.

물질명 : PE(폴리에틸렌) -고밀도 폴리에틸렌 / 저밀도 폴리에틸렌

특성 : PE는 성질이 가장 잘 변하는 합성물질입니다. 밀도가 낮은 상태에서 모양을 쉽게 바꿀 수 있으며, 밀도가 높으면 단단하고 하중을 더 잘 견디게 됩니다.

대표적인 제품 : 여러 종류의 포장용 포일, 비닐봉지, 우유팩 코팅용 비닐 등.

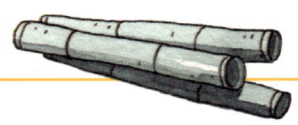 

물질명 : PVC(폴리염화비닐)

특성 : PVC는 경성 PVC와 연성 PVC로 나누어집니다. 이 합성물질은 제조 방법에 따라 매우 단단하거나 아주 유연합니다.

대표적인 제품 : 파이프, 창틀, 바닥재, 고무장화 등.

물질명 : PS(폴리스티렌)

특성 : PS는 순수한 형태일 때 투명하지만, 제조 방식에 따라 불투명하게 될 수도 있고, 발포제를 이용해 스티로폼과 같은 형태로도 만들 수 있습니다.

대표적인 제품 : 요구르트 용기, 일회용 용기, CD 케이스, 육류 포장에 쓰는 스티로폼 용기 등.

물질명 : 실리콘

특성 : 실리콘은 열에 강하고, 방수 처리가 되며, 유연합니다. 구조적으로 조금만 변화를 주면, 예를 들어 샴푸에도 들어가는 물질인 실리콘 오일이나 실리콘 유지가 만들어집니다.

대표적인 제품 : 빵틀, 고무 젖꼭지, 욕조나 싱크대의 이음새를 메우는 데 쓰는 접합제 등.

이 밖에 모든 플라스틱은 OTHER로 표기합니다. 바이오플라스틱◆ 역시 이에 해당합니다.

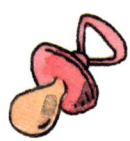

◆ 바이오플라스틱은 재생 가능한 원재료로 만들어지는 플라스틱을 말합니다. 석유나 천연가스 등 화석원료 기반의 단량체로부터 만들어지는 플라스틱과 대비되는 개념입니다.

우리나라에서는 플라스틱 사용을 줄이기 위해 어떤 일을 하고 있을까요?

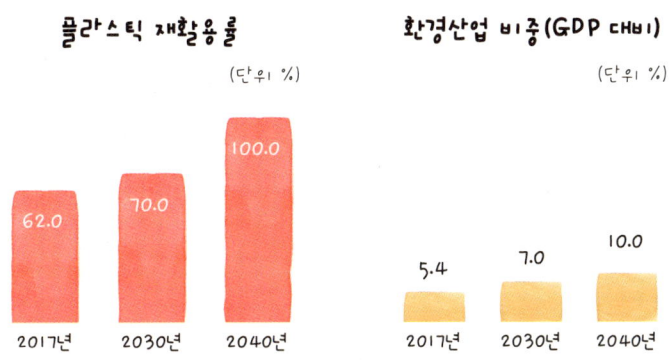

 최근 세계자연기금과 호주 뉴캐슬대학교의 공동 연구 결과에 따르면 우리는 매주 평균적으로 신용카드 1장 무게에 해당하는 미세 플라스틱을 먹고 있다고 해요. 환경부에서는 청소년 15명을 포함해 모두 108명으로 구성된 국민참여단을 운영하고 있는데, 플라스틱 중독 사회에서 벗어나야 한다는 의견이 많았다고 합니다.

 우리나라는 '플라스틱 중독 사회'에서 벗어나기 위해 환경기술 개발을 적극적으로 추진하고 있어요. 플라스틱 대체 물질을 개발하고, 환경 분야에서 선진국과의 기술 격차를 최고 3개월 이내로 줄이려는 방침을 세웠어요. 국내총생산(GDP)에서 환경산업이 차지하는 비중도 5.4%(2017년)에서 2040년 10.0%로 끌어올리려고 계획하고 있어요.

 정부는 플라스틱을 적게 쓰기 위해 원료 투입부터 생산공정, 재활용까지 전 과정에 대한 자원효율지표 및 관리시스템을 만든다고 해요. 그리고 플라스틱 제품의 생산을 줄이고 일회용품 사용을 단계적으로 금지해 2040년에는 사용량을 70%까지 낮추겠다는 계획을 가지고 있어요. 또한 플라스틱 재활용률을 2017년 62.0%에서 2030년 70.0%, 2040년 100.0%로 끌어올리는 게 목표라고 해요.

플라스틱이 인공적이라는 것은 무슨 뜻인가요?

아주 작은 레고 블록이나 다양한 비닐봉지 등 플라스틱으로 만들어진 제품의 원료는 대부분 석유입니다. 석유는 잘 분해되는 성질이 있어요. 이 물질은 이른바 단량체◆라고 하는 아주 작은 구성단위를 이루고 있는데 이들은 열이나 압력 혹은 화학적인 용해나 분해를 통해 얼마든지 새롭게 결합할 수 있습니다. 이렇게 결합한 기다란 고리를 중합체◆◆라고 해요. 이 중합체는 천연수지의 일종인 송진과 같은 특성을 갖고 있는데, 인공으로 만들어 지므로 '합성수지'라고 부르는 거에요.

이 중합체의 고리는 아주 다양하게 배치할 수 있으며 크게 세 그룹으로 나누어볼 수 있습니다.

◆ 단위체라고도 부르는데, 고분자화합물 또는 화합체를 구성하는 단위가 되는 분자량이 작은 물질을 말합니다.

◆◆ 다수의 단위물질이 중합하여 생성된 고분자량의 화합물을 이르는 말로, 단위체에 대응하는 말입니다.

 열경화성 수지 : 고리가 그물 모양으로 연결된 것입니다. 이렇게 만들어진 합성물질은 단단하고 잘 녹지 않습니다. 이 물질로는 프라이팬의 손잡이 같은 것들을 만들 수 있습니다.

 열가소성 수지 : 고리가 느슨하게 서로 얽혀 있는 형태로 연결된 것입니다. 열가소성 수지는 열을 받으면 서로 쉽게 분리됩니다. 이 합성물질은 녹을 수도 있고, 또다시 굳기도 해요. 이 물질로는 비닐봉지나 PET병, 포일 같은 것들을 만들 수 있습니다.

 탄성중합체 : 탄성중합체는 탄력성과 유연성이 아주 큽니다. 그래서 고무 밴드나 타이어, 고무 패킹 같은 것을 만들 수 있지요. 이 물질의 중합체 고리는 아주 촘촘하게 얽혀 있지만, 세게 잡아당기거나 하면 느슨해졌다가, 힘을 빼면 다시 하나의 덩어리로 연결됩니다.

석유는 무엇인가요?

석유는 검고 끈적끈적한 액체로, 아주 비싼 천연자원입니다. 석유는 아주 오래전의 바다에서 생겨납니다. 죽은 미생물과 식물들은 수백만 년 동안 바닷속 바다 깊이 묻혀 있어요. 그 위로 점차 모래와 돌멩이들이 쌓이면서 공기가 전혀 통하지 않는 층이 생기게 됩니다. 작은 동물과 식물들이 썩으면서 결국엔 석유로 변하게 되는 것이지요. 그러므로 석유를 새로 만들어내는 것은 불가능한 일이에요. 저장된 석유는 점점 더 줄어들고 있으므로, 우리는 석유를 아껴 써야만 해요.

석유가 연소되고 나면 이산화탄소(CO_2)가 남게 되는데 그 자체가 나쁜 것은 아닙니다. 이 가스는 원래 우리가 숨 쉬는 공기 중에도 들어 있으니까요. 대기중의 이산화탄소는 다른 '온실가스'들과 함께 지구를 둘러싸고 있어 지구상의 열을 유지하게 해준답니다. 하지만 현재 우리는 지나치게 많은 석유와 석탄, 천연가스를 태우는 바람에 온실가스를 너무 많이 생산해내고 있어요. 지구는 점점 뜨거워지고 있으며, 이미 이에 따른 기후 변화의 결과들이 나타나고 있습니다.

바이오플라스틱은 좋은 건가요, 나쁜 건가요?

얼핏 생각하면 좋은 것처럼 보이지요. 포장재나 가방, 봉지 등을 만들 때 바이오-플라스틱이 점점 더 많이 사용되고 있어요. 이것들을 사용하면서 우리는 아무런 죄의식도 느끼지 않을 수 있을까요? 바이오플라스틱은 대체 무엇일까요?

이 용어는 매우 혼란스럽습니다. 어떤 포장재가 '바이오'라고 하면 전혀 다른 두 가지 의미가 생겨납니다.

첫 번째 경우

이런 포장재는 유기농 원료에 기반하고 있습니다. 이런 것들을 만들 때 옥수수나 사탕수수 같은 원료를 사용한다는 뜻이지요. 하지만 이 경우 화학적인 구조는 석유로 만든 일반적인 합성물질과 거의 똑같습니다. 사실, 이런 천연 원료와 합성물질은 바이오-PET의 경우처럼 종종 혼합되어 사용됩니다.

두 번째 경우

이때의 포장재는 생분해성◆이 있다는 말입니다. 그래서 일정 시간이 지난 후에는 썩어 없어지지요. 이 물질들은 원래 재생 가능한 원료로 만들 수도 있지만, 석유로도 만들 수 있습니다.

그러나 유기농 원료에 기반을 두건 생분해성을 지녔건 이 두 가지 모두 단점이 있습니다. '바이오플라스틱 원료'를 생산하기 위해 옥수수를 재배하려면 비료와 살충제를 써야 하고, 트랙터를 움직일 연료도 필요합니다. 하지만 이렇게 만들어진 제품들은 나중에 밭에 퇴비로 쓸 수 있지 않냐고요?

아무리 '퇴비가 될 수 있는' 플라스틱이라도 사과 껍질처럼 그렇게 쉽게 썩지 않습니다. 예를 들어 이런 물질이 차가운 바닷속으로 들어가게 되면 다른 일반적인 비닐봉지만큼이나 잘 분해되지 않습니다. 물론 산업폐기물을 퇴비로 만들어주는 공장에서 바이오플라스

◆ 세균이나 박테리아 등의 미생물에 의해 자연 분해되는 성질.

틱을 분해할 수는 있습니다. 하지만 그러려면 3개월간 65도의 열을 가해야 합니다. 이런 시설을 운영하는 사람들은 그렇게 오랫동안 기다리지 못합니다.

훨씬 빨리 썩는 다른 바이오폐기물들도 있지만, 어쨌든 날짜가 지날수록 비용이 더 들어가게 됩니다. 게다가 여러 플라스틱 제품들 중에서 어떤 것이 일반 플라스틱이고 어떤 것이 바이오플라스틱인지 알아보기도 쉽지가 않습니다. 그래서 혹시라도 섞여 들어갈 수가 있으므로, 공장에서는 일반 플라스틱으로 분류되어 태워지는 바이오플라스틱이 훨씬 더 많답니다.

이런 여러 가지 이유로 독일의 환경부는 단호한 결정을 내렸습니다. 결국, 현재로서는 바이오플라스틱이 일반적인 다른 플라스틱보다 더 나을 게 없다고 말이지요. 아마도 미래에는 여러 연구자들이 이 문제를 해결할 수 있게 될 것입니다. 그러므로 그때까지는 자연을 아끼고 보호하려면 바이오플라스틱이건 일반 플라스틱이건, 모든 플라스틱을 보다 적게 사용해야겠지요.

플라스틱이 분해되려면 시간이 얼마나 걸리나요?

오래된 나뭇잎은 미생물에게는 잔치 음식이나 다름없습니다. 박테리아와 곰팡이 그리고 벌레들은 이 나뭇잎을 부패시켜 귀중한 새 토양으로 바꾸어줍니다. 하지만 플라스틱에 대해서는 이러한 작은 생물들이 할 수 있는 일이 거의 없습니다. 플라스틱은 몹시 견고하고 안정적인 구조로 짜여 있습니다. 플라스틱이 땅이나 바닷속에 묻히면 아주 큰 문제가 됩니다. 바닷속으로 들어간 플라스틱은 수백 년이 지나도 계속해서 일부가 남아 있게 됩니다. 비록 우리 눈에는 보이지 않게 되더라도 그것은 완전히 썩어 없어지지 않고 작은 입자로 부서져서 남아 있게 된답니다.

주의 : 건강에 해로워요!

플라스틱에는 뜨거운 태양열에 더 잘 견디게 해주거나, 불에 잘 타지 않게 해주거나, 혹은 제품을 더 매끄럽게 해주는 첨가제가 들어 있습니다. 그런데 이러한 화학물질들이 결국 우리의 건강을 해칠 수도 있어요.

논쟁의 여지가 있는 물질은 예를 들자면 비스페놀 A(BPA) 같은 것들입니다. 이 물질은 통조림 캔이 녹슬지 않도록 코팅하는 데 자주 사용됩니다. 또한 이 물질은 폴리카보네이트 플라스틱으로 만들어진 음료수 병이나 그릇에서도 찾아볼 수 있습니다. 이것은 종종 'PC' 혹은 재활용 코드 07로 표시됩니다.

프탈레이트라고 부르는 가소제 또한 문제입니다. 이 물질은 소프트 PVC 플라스틱에서 주로 찾아볼 수 있는데, 샤워 커튼이나 에어 매트리스, 꽥꽥 소리를 내는 오리 인형이나 그 외에 다른 봉제완구를 만들 때도 자주 쓰입니다.

건강에 해로운 첨가물을 피하려면 'PVC-free', '프탈레이트-free'♦ 혹은 'BPA-free'와 같은 참조 표시를 확인하면 됩니다. 폴리에틸렌(재활용 코드 02 및 04) 및 폴리프로필렌(재활용 코드 05)과 같은 물질은 특별히 문제가 없는 것으로 여겨지지요.

♦ 플라스틱을 부드럽게 하기 위해 사용하는 화학 첨가제로, 특히 폴리염화비닐(PVC)을 부드럽게 하기 위해 사용하는 화학성분으로 사용되어 왔습니다.

바닷속에서는 어떤 쓰레기가 얼마나 빨리 썩을까요?

각각의 쓰레기들과 올바른 숫자를 연결해보세요.

플라스틱 바다

지구의 약 3분의 2는 바다와 강이 차지하고 있습니다. 그런데 우리의 이 멋진 바다가 점점 거대한 쓰레기 처리장이 되어가고 있어요. 현재 약 1,500억 킬로그램의 플라스틱 폐기물이 이미 바닷속에 잠겨 있는 것으로 추정됩니다.

해마다 최소 80억 킬로그램의 플라스틱이 쌓이고 있답니다. 이것은 거의 일 분에 한 번씩, 쇼핑 봉투와 음료수 병과 포장재들이 가득 담긴 쓰레기차 한 대가 바닷속으로 잠기는 것과 같습니다. 지금까지처럼 플라스틱 소비량이 계속 증가한다면 2030년에는 일 분에 2대 분량의 쓰레기차가, 2050년에는 5대 분량의 쓰레기차가 쌓이게 될 것입니다. 그렇게 되면 바닷속에 사는 물고기들의 무게를 모두 합친 것보다 플라스틱이 더 많은 공간을 차지하게 되는 것이지요.

플라스틱 쓰레기의 약 70퍼센트가 바닷속으로 가라앉고 있다고 해요. 나머지는 계속 바닷물 위에 떠 있거나 여기저기로 떠다니고 있습니다. 플라스틱은 바람을 따라, 물결을 따라 북극의 빙하로, 남태

평양의 해안가로 떠밀려가게 됩니다.

무엇보다도 많은 화학물질들이 거대한 '쓰레기 소용돌이'를 만들어내고 있다는 것이 큰 문제입니다. 그중 가장 강력한 것은 '태평양 쓰레기 소용돌이'입니다. 전문가들에 따르면 이것은 중유럽 전체와 같은 크기라고 해요. 이 쓰레기 소용돌이는 물 위에 떠다니는 쓰레기 섬 같은 것과는 달리 오히려 플라스틱 수프에 가깝습니다. 이 플라스틱 수프에는 야채 건더기 대신 수많은 플라스틱 조각들이 떠다니고 있는 것이지요.

현재

2050년

지구:

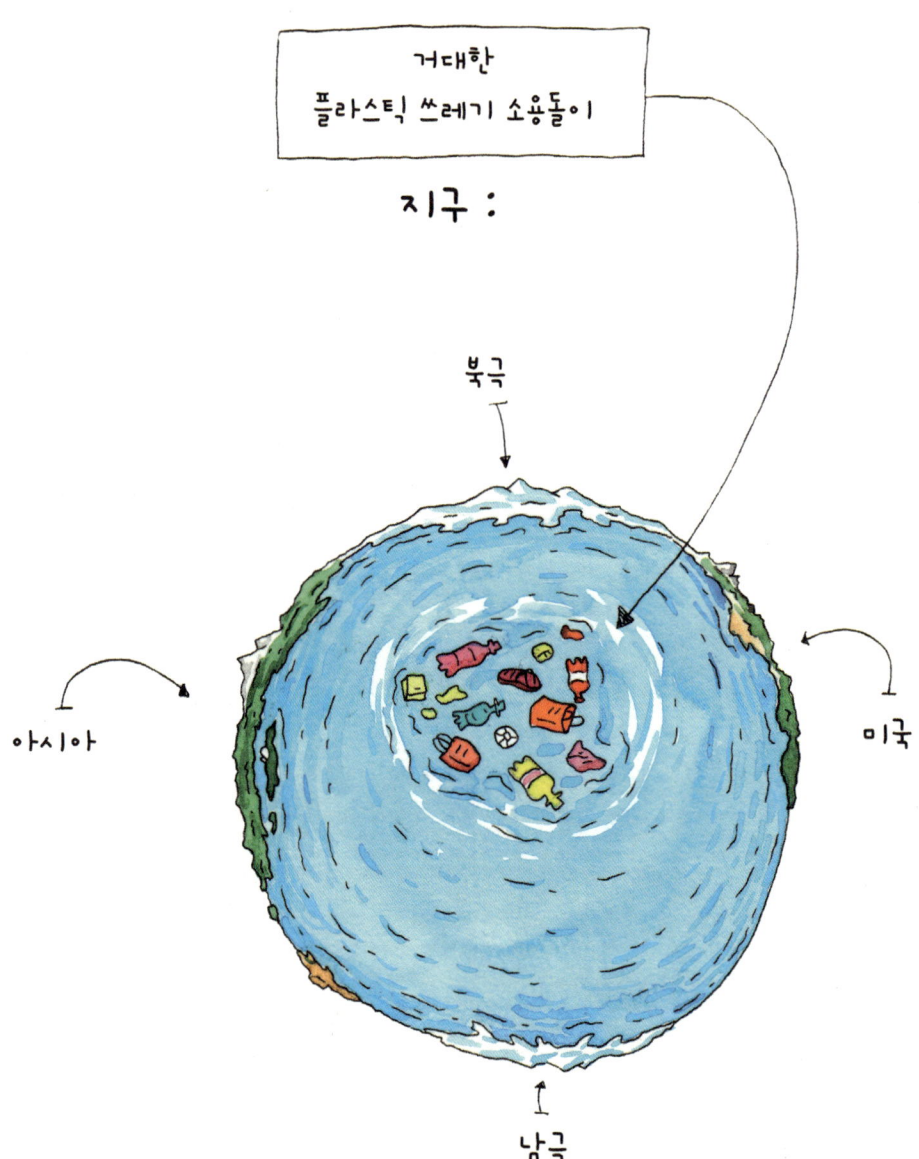

미세 플라스틱
: 눈에 보이지 않는 위험

바닷속에 들어간 플라스틱은 파도와 햇빛 그리고 여러 마찰 등으로 인해 점점 더 작은 조각들로 부서집니다. 이렇게 잘게 부서진 '미세 플라스틱'은 눈에는 거의 보이지 않지만 아주 큰 문제를 일으키지요!

과학자들은 거의 51조나 되는 미세 플라스틱 입자들이 바다를 떠다니고 있다고 추정하고 있어요. 이렇게 바닷속을 떠다니는 미세 플라스틱은 대부분 오염되어 있습니다. 멸치와 같은 작은 물고기나 작은 미생물들은 먹이와 함께 이 미세 플라스틱을 먹게 되고, 미세 플라스틱을 먹은 작은 물고기와 미생물들은 결국 큰 물고기나 동물들의 배 속으로 들어가게 되지요. 계속 그렇게 이어져, 미세 플라스틱을 섭취한 조개나 생선이 결국 우리의 식탁 위에까지 올라오게 됩니

다. 전문가들은 현재 이것이 우리의 건강에 얼마나 영향을 미치는지를 연구하고 있습니다.

이제 쓰레기를 함부로 버려서는 안 되겠지요. 아무리 주의해서 버려도, 우리는 자기도 모르게 미세 플라스틱을 계속 만들어내고 있습니다. 많은 옷들의 일부 혹은 거의 전부가 플라스틱 섬유로 만들어집니다.

또한 세탁기를 쓸 때도 수많은 미세 섬유가 세탁 하수와 함께 하수도로 흘러들어 가지요. 샴푸나 스크럽 제품 혹은 세탁 세제도 작은 플라스틱 조각으로 만들어진 것들이 있어요. 하수 처리장에서는 이것들을 완벽히 걸러낼 수 없답니다. 무엇보다 자동차 타이어는 특히나 많은 미세 플라스틱을 만들어냅니다.

플라스틱으로 만든 스포츠 시설이나 놀이터, 알록달록한 페인트칠이 되어 있는 건물들, 심지어 도로 안내표지판에서도 엄청난 양의 플라스틱 먼지가 떨어져 나옵니다. 이 먼지들은 바람에 날려 가기도 하고 빗물에 씻겨 내려가기도 합니다. 잘게 쪼개진 플라스틱 조각들은 하수구를 지나 강으로 흘러들어 마침내 바다에까지 이르게 되지요. 최근 바다뿐만 아니라 토양이나 식수, 심지어는 공기 중에도 미세 플라스틱이 점점 더 많아지고 있다고 해요.

동물들은
어떻게 플라스틱을 먹게 될까요?

북극바다제비는 물고기를 잡기 위해 멀리 북해 위를 날아다닙니다. 한데 먹이를 찾던 제비들이 종종 실수로 플라스틱을 삼키게 되지요. 이를 본 연구자들은 한 가지 아이디어를 떠올렸습니다. 동물의 배 속에서 플라스틱 조각들이 많이 발견될수록 바다 역시 더 오염되었다는 뜻이겠지요. 그래서 연구자들은 북해 연안에 죽어서 떠다니는 북극바다제비들을 최대한 많이 조사하기로 했답니다.

결과는 아주 걱정스러웠어요. 조사한 새들 중 98퍼센트의 배 속에 플라스틱이 들어 있었습니다. 북극바다제비들만이 아닙니다. 해양이 오염되면서 다른 많은 바다 생물들 역시 크게 고통받고 있답니다. 연구에 따르면, 일부 플라스틱 폐기물은 새들이 음식 냄새라고 생각하는 냄새를 내뿜는다고 해요.

또한 바다거북은 종종 너풀거리며 떠다니는 비닐봉지와 맛있는 해파리를 혼동한답니다. 특히 어린 거북은 주로 쓰레기가 많이 떠다니는 해안이나 수면 가까이에 있기 때문에 위험에 쉽게 노출되어 있지요.

일단 동물들의 위 속에 풍선이나 비닐봉지, 고기 잡는 그물이나 다른 쓰레기들이 가득 차게 되면, 좋은 먹이가 들어갈 만한 공간이 없어지게 됩니다. 동물들은 쓰레기로 가득 차 배가 부른 상태에서 굶어 죽게 되는 것이지요. 죽지는 않더라도 몸이 너무 약해져서 쉽게 병에 걸릴 수도 있어요.

플라스틱 쓰레기는 또한 산호초나 다른 바다 식물들의 서식지를 손상시킵니다. 바다 위를 떠다니는 미세 플라스틱 역시 마찬가지예요. 예를 들어, 주기적으로 플라스틱 조각을 바닷물 속으로 투입시키는 실험을 한 결과, 굴의 수확량이 확연히 줄어든 것을 알게되었습니다. 특히 호기심이 많은 물개나 돌고래 그리고 다른 많은 동물들이

물에 떠내려간 그물이나 바다 위를 둥둥 떠다니던 플라스틱에 자주 걸립니다. 그중 많은 동물들이 그대로 익사하기도 한답니다. 또 어떤 동물들은 주둥이에 플라스틱을 매단 채로 계속해서 헤엄쳐 다니거나 지느러미에 플라스틱이 엉켜 있기도 합니다.

플라스틱은 어떻게 바다에까지 다다르게 되나요?

강을 지나서

특히 가난한 나라에서는 플라스틱을 태워 없애거나 재활용하지 않는 경우가 많습니다. 쓰레기 처리장이 그대로 노출되어 있기도 하고, 심지어 쓰레기가 길거리에 고스란히 버려지는 경우도 많습니다. 그렇게 버려진 쓰레기들은 바람에 실려 쉽게 강으로 날아갈 수 있고, 그렇게 바다로까지 흘러들어 가게 되지요. 전 세계에서 쓰레기가 가장 많은 열 개의 강들 중 여덟 개는 아시아에 있지만, 독일에서 누군가가 부주의하게 버린 과자 봉지 역시 강을 따라 바다까지 흘러들어 갈 수 있답니다.

도시에서

아주 작은 크기의 미세 플라스틱 입자들은 조금만 부주의해도 생활 하수에 섞여들어 강으로 또 바다로 흘러들어 갑니다. 그중 일부는 화학섬유로 만든 옷을 세탁하는 동안 떨어져 나온 섬유 조각들이지요. 자동차 타이어와 신발 밑창에서도 미세 플라스틱이 떨어져 나옵니다. 샴푸, 치약 혹은 그 외의 다른 화장품들에도 미세 플라스틱 성분이 들어 있어요.

바닷가에서

수십억 명의 사람들이 휴가철이면 바다로 떠납니다. 그리고 안타깝게도 많은 사람들이 부주의하게 쓰레기를 버립니다. 병, 비닐봉지, 과자 포장지, 빨대, 일회용 포크와 스푼들, 식품 용기 등 엄청난 양의 플라스틱이 해변에서 곧장 바닷속으로 흘러들어 갑니다.

배에서

배에서 쓰레기를 버리는 일은 당연히 금지되어 있습니다. 하지만 많은 배에서 쓰레기를 그냥 바닷속에 버리고 있어요. 때로는 화물선에서 실수로 화물들이 바다로 떨어지는 경우도 있습니다. 2019년 1월에는 컨테이너 70개가 북해의 바닷속으로 떨어진 적도 있습니다.

어부들이

바다에서 발생하는 플라스틱 폐기물의 4분의 1은 거대한 '유령 그물'인 것으로 생각됩니다. 이 그물들은 어선에서 떨어져 나온 것이지요. 때때로 불법 어선들이 감시를 피해 일부러 그물을 잘라내고 도망가기도 한답니다. 그런데 이 플라스틱 그물은 아주 튼튼해서 바닷속을 떠다니며 계속해서 물고기들을 낚게 됩니다. 동물들에게는 아주 치명적인 함정이 되는 것이지요.

바다를 청소할 수 있나요?

바다를 청소하는 것은 거의 불가능한 일처럼 보입니다. 하지만 바다에서 가능한 한 많은 플라스틱을 건져내기로 한 사람들이 점점 더 많아지고 있고, 그들은 정말 뛰어난 아이디어를 생각해냈습니다!

바다의 청소기

보얀 슬랫(Boyan Slat)은 최초의 바다 청소 시설을 설계했습니다. 이 젊은 네덜란드인은 '오션 클린업(The Ocean Cleanup, 바다를 청소하자)'의 대표가 되었습니다. 그는 '플라스틱을 우리 쪽으로 가져올 수 있다면 굳이 쓰레기를 쫓아가지 않아도 되지 않을까?'라고 생각했습니다. '오션 클린업'은 쓰레기 소용돌이가 가장 크게 만들어진 지점에 1킬로미터 정도의 물 위에 떠 있는 방벽을 설치하기로 했어요. 이

'올가미'는 말발굽처럼 구부러져 있어요. 플라스틱 쓰레기는 이 방벽보다 빠르게 이동하기 때문에 방벽 안쪽으로 움직이며 점점 쌓이게 됩니다. 그러면 배로 이 쓰레기들을 거둬 들이는 거죠. 그 첫 번째 올가미는 이미 설치되었고, 그 당시는 큰 성과를 내지는 못했어요. 이후 계속해서 더 나은 버전을 연구하였습니다. 현재는 수십 개의 올가미가 바다 위에 떠 있답니다.

유령 그물 잠수부

유럽에서만 매년 약 2만 5천 개, 1,250킬로미터에 달하는 어망이 손실됩니다. 이 그물들을 얼른 건져내지 않으면 수백 년 동안 물속을 떠다니며 동물들을 죽이게 될 것입니다. '고스트 피싱(Ghost Fishing)' 재단은 이런 그물을 제거하기 위해 전 세계의 자원봉사자들이 모여서 만든 단체입니다. 하지만 이 작업은 몹시 힘들 뿐 아니라 때론 아주 위험하지요. 가능한 한 육지에서 그물을 재활용할 수 있어야 합니다. 이 그물들은 잘 찢어지지 않는 섬유로 만들어져 있어서 양말이나 수영복 혹은 카펫을 만드는 데 다시 사용할 수 있을 거예요.

쓰레기 수거하는 어부

어부들의 그물에는 가자미나 넙치 같은 물고기뿐 아니라 쓰레기 더미도 많이 걸려 올라옵니다. 어부들은 보통 그 쓰레기들을 다시 배 밖 물속으로 던져버리지요. '피싱 포 리터(Fishing for Litter)' 운동은 어부들에게 크고 튼튼한 자루를 나누어주고, 그들이 건져올린 쓰레기를 항구에서 무료로 편리하게 수거해 가도록 하고 있습니다. 독일에서만 150개 어선들이 이 운동에 참여하고 있답니다.

오래된 쓰레기들은 어디로 갈까요?

유럽의 다른 나라에 비해 독일은 유독 많은 플라스틱 폐기물을 배출하고 있습니다. 그 양은 해마다 증가하고 있어요! 하지만 독일에서는 쓰레기 처리 시스템을 통해 대부분의 플라스틱 쓰레기가 회수되고, 그중 99퍼센트가 다시 '재활용'되어 쓰이고 있습니다. 플라스틱의 절반 이상이 폐기물 소각시설에 들어가는 것보다 훨씬 다행한 일입니다. 쓰레기를 태울 때 열이나 전기를 얻기도 하지만, 기후에 악영향을 미치는 CO_2도 배출되니까요. 게다가 이렇게 태워버리면 귀중한 석유는 그대로 잃게 되는 셈이지요.

그러니 플라스틱을 재활용하면 당연히 훨씬 좋겠지요. 하지만 플라스틱은 워낙 다양한 방식으로 결합되어 있는 물질이라서 재활용하기가 기술적으로 그리 쉬운 일은 아닙니다. 게다가 플라스틱은 종종 다른 재료와 결합되어 있거나 서로 붙어 있기도 하지요. 예를 들어, 고기를 포장하는 데 쓰이는 플라스틱 접시는 보통 폴리프로필렌으로 만들지만, 그 위를 덮고 있는 랩은 매우 얇은 PET나 폴리에틸렌으로 만들어집니다. 이런 포장재들은 플라스틱용 수거함에 버려진다 해도 쓰레기 처리 공장에서 각각 다른 성분의 플라스틱으로 다시 분리하기가 쉽지 않습니다.

또한 이렇게 여러 가지 성분이 섞인 플라스틱이 재활용된다 해도, 이때는 새로운 식품 용기 같은 생필품을 만드는 것이 아니라, 공원의 벤치를 만드는 정도로밖에 사용할 수가 없습니다. 하지만 재활용만큼 중요한 일이 있습니다. 그건 바로 더 이상 쓰레기가 이렇게 많이 쌓이지 않도록 해야 한다는 것이에요.

플라스틱 챌린지에 도전해보세요!

누구나 일상생활에서 플라스틱을 적게 사용하려고 노력할 수 있습니다. 친구나 가족 또는 반 친구들과 챌린지를 해보는 것은 어떨까요? 아주 간단한 일이에요. 일단 얼마나 오랫동안 '플라스틱 사용하지 않기'를 할 수 있을지 한번 생각해보세요. 그리고 플라스틱을 절약하는 데 도움이 될 만한 좋은 원칙을 5개 정도(7개 혹은 10개여도 좋아요) 정해보세요. 그것들을 종이에 써서 눈에 띄는 곳에 붙여놓으세요. 그럼 다 된 거나 마찬가지예요! 매일매일 확인하세요. 어떤 원칙이 잘 지켜지고 있는지, 또 어떤 것이 지키기 어려운지.

친구들과 함께 동시에 도전해보는 것도 좋을 거예요. 아니면, 여러분이 먼저 이 챌린지에 도전한 다음, 그 경험을 이야기한 후에 다음으로 챌린지에 도전할 친구를 '지명'해보는 것도 좋겠네요. 행운을 빌어요!

물론 플라스틱을 전혀 쓰지 않고 살 수는 없습니다. 꼭 그래야 할 필요도 없고요. 하지만 일상생활에서 사용하는 (불필요한) 플라스틱이 얼마나 많은지 생각해보세요. 이러한 여러분의 행동은 다른 친구들에게도 영향을 미칠 수 있습니다.

부모님이 종종 어떤 특별한 제품을 사거나 특정한 상점에 갈 때는 그만한 이유가 있을 것입니다. 하지만 '플라스틱 사용 금지'에 도전하는 여러분을 보시면 부모님 역시 여러분을 응원하고 지원할 것입니다!

혹시 다른 친구들이 비웃더라도 기죽을 필요가 없습니다. 자연을 위해 고민한다는 것은 정말 멋진 일이니까요. 여러분은 이 세상을 더 아름답게 만드는 사람입니다! 그렇게까지 할 필요가 있냐고 괜히 심통을 부리는 사람은 상황이 얼마나 심각한지 이해하지 못하고 있는 것입니다.

나의 플라스틱 챌린지

이름 :

'플라스틱 사용 금지' 목표 기간 :

이미 실천하고 있는 일들 :

나의 챌린지 플랜 :

챌린지가 끝난 이후에도 지키고 싶은 것 :

플라스틱 사용을 줄이기 위한
서른 가지 팁

물건을 살 때

1) 비닐봉지를 쓰지 않습니다!

요즘은 점점 나아지고 있습니다. 하지만 독일에서는 여전히 매년 계산대에서만 24억 개의 쇼핑 봉투를 쓰고 있습니다. 이는 한 사람당 29개를 쓰고 있다는 말이지요. 쇼핑을 갈 때 가방이나 배낭, 튼튼한 장바구니를 꼭 챙겨 가세요. 얼마든지 계속 사용할 수 있으니까요.

자연을 위해 무엇이 더 좋을까요?

얼핏 봐서는 잘 모를 수도 있어요. 자연에 도움이 되는 것처럼 생각되는 것들도, 전문가들이 꼼꼼하게 장단점을 모두 따져보면 때때로 그렇지 않은 경우들이 있거든요. 한 예로, 여러 상점에서 비닐봉지 대신 제공해주는 종이봉투 같은 것들이 있습니다. 상점에서 쓰는 종이봉투는 매우 튼튼해야 하겠지요. 그렇게 만들려면 많은 에너지와 물이 필요합니다. 이러한 종이봉투는 최소한 네 번은 재사용해야 비닐봉지를 쓰는 것보다 환경에 도움이 된다고 말할 수 있어요. 천으로 만든 에코백도 최소한 스물다섯 번 이상은 사용해야 비로소 환경에 도움을 준다고 할 수 있습니다.

2) 포장되지 않은 과일과 채소를 고르세요!

비닐봉지에 담긴 오이, 플라스틱 용기에 담긴 토마토 등 과일이나 채소가 포장되어 팔리는 경우가 점점 더 많아지고 있습니다. 하지만 가끔은 동네 슈퍼마켓에서 포장되지 않은 야채와 과일을 골라서 사보는 건 어떨까요? 유기농 전문점이나 주말 시장 같은 곳이라면 이런 식품들을 만나기가 더 쉽겠지요.

함께할 팁 : 안 입는 티셔츠로 가방 만들기

낡은 티셔츠를 가져다가 안쪽이 바깥쪽이 되도록 뒤집어보세요. 그림 1과 같이 소매와 목, 팔목과 밑단을 자릅니다. 아랫단을 10센티미터 정도의 길이로 잘라서 술을 만들어줍니다. 그림 2처럼 앞뒤로 나란히 놓인 두 개의 술을 단단하게 묶어주세요. 마지막으로 매듭을 지은 술들이 안쪽으로 들어가도록 다시 티셔츠를 뒤집어줍니다.

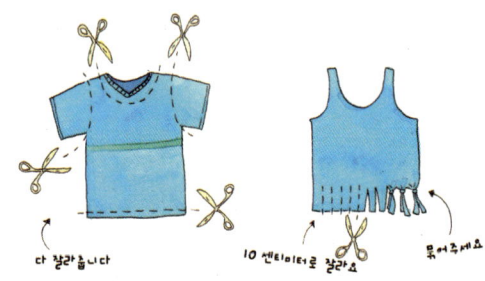

3) '일회용 위생백'를 쓰지 마세요!

이런 봉지들은 공짜이지만, 많은 쓰레기를 만들어냅니다. 파프리카와 토마토, 사과 등을 살 때는 계산대에 하나씩 올려놓으세요. 아니면 재사용이 가능한 그물망에 넣어서 가져오세요.

4) 포장비를 아끼세요!

부모님과 함께 냉장고와 선반을 한번 둘러보세요. 특별히 비싼 플라스틱 포장이 된 물건들은 없나요? 예를 들어, 두꺼운 비닐로 포장되어 있거나 스티로폼으로 포장된 물건들, 혹은 아주 작은 내용물이 여러 겹으로 포장되어 있지는 않나요? 쇼핑을 할 때 한번 살펴보세요. 포장을 최대한 줄이면서도 맛있는 음식이 들어 있는 제품이 없는지 말이에요.

여러분이 좋아하는 치즈는 어떨까요? 겹겹이 포장되어 있는 것보다 점원들이 코팅된 종이로 간단하게 포장해주는 치즈가 가장 신선한 치즈일 거예요!

5) 간식거리들을 직접 만들어보세요!

젤리나 칩, 초콜릿바나 크래커와 비스킷 등, 여러분이 먹는 간식거리들은 종종 플라스틱으로 포장되어 있습니다. (가끔씩이라도) 이런 간식을 사 먹지 않아보면 어떨까요. 대신 쿠키나 케이크를 직접 구워서 먹어보는 거예요. 심지어 과일 젤리를 만드는 것도 크게 어렵지는 않답니다.

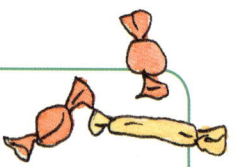

함께할 팁 : 과일 젤리

작은 냄비에 100밀리리터의 과일 주스를 붓습니다. 잘게 부순 젤라틴 6티스푼(또는 젤라틴 8장)을 냄비에 넣고 5분 정도 그대로 놓아두었다가 설탕이나 꿀 1~2큰술과 레몬 주스 1큰술을 넣으세요. 그런 다음 젤라틴이 녹을 때까지 잠시 가열해줍니다. 너무 오래 끓이면 안 됩니다!

젤라틴이 다 녹은 뒤 수프 접시에 붓고 2시간 정도 그대로 놓아두세요. 젤리가 다 굳고 나면 작은 주사위 모양으로 자를 수 있습니다. 이렇게 여러분이 직접 만든 과일 젤리에는 방부제가 들어 있지 않으므로 며칠 내에 모두 맛있게 드세요!

6) 작은 포장 단위를 쓰지 마세요!

요즘 사람들은 점점 더 작은 포장 단위를 좋아하지요. 혼자 사는 어른뿐 아니라 아이들도 마찬가지입니다.

요즘은 많은 제품들이 그렇습니다. 알록달록한 용기에 미니 치즈가 담겨 있고, 작은 플라스틱 병에 요구르트가 들어 있습니다. 플라스틱 튜브에 들어 있어 짜 먹을 수 있는 과일 젤리도 있고, 비스킷들도 작게 개별 포장이 되어 있지요. 가지고 다니기에는 편리하지만, 이것들은 모두 많은 쓰레기를 만들어냅니다.

7) 티슈 대신 손수건을 쓰세요!

티슈 10장 정도가 비닐 포장이 되어 있는 작은 휴대용 티슈가 있지요. 그것들은 다시 더 큰 묶음으로 비닐 포장이 되어 있고요. 하지만 한 장씩 뽑아 쓸 수 있는 종이 상자에 든 것도 있습니다. 집에서는 이런 것을 쓰는 게 제일 좋겠지요. 하지만 밖에서는 어떻게 할까요? 예전에는 손수건을 가지고 다니면서 여러 번 다시 빨아서 쓰곤 했습니다. 어쩌면 이렇게 손수건을 쓰는 것도 좋은 방법 중 하나가 아닐까요?

8) 신선한 빵을 사세요!

요즘은 슈퍼마켓에서도 아주 편리하게 빵을 살 수가 있지만 대부분 두꺼운 비닐 포장이 되어 있습니다. 마트나 슈퍼마켓에서 빵을 사는 대신 일요일 아침, 빵집에 가는 건 어떨까요? 그곳에선 빵들을 깨끗한 천가방에 담아올 수도 있어요.

9) 요구르트를 잘 보세요!

플라스틱 용기에 든 것보다는 유리병에 든 요구르트를 사보세요. 가능하다면 포장할 필요 없이 직접 천연 요구르트를 만드는 것도 어렵지 않습니다.

> ### 함께할 팁 : 천연 요구르트 만들기
>
> 반드시 어른들과 함께 만드세요. 보온병 내부를 '예열'하기 위해 아주 뜨거운 물을 보온병에 부어 한 시간 정도 뚜껑을 닫아두세요. 그런 다음 냄비에 500밀리리터의 우유를 넣고 40도 정도가 될 때까지 따뜻하게 데워줍니다. 시중에서 판매하는 천연 요구르트 50그램을 넣고 잘 저어주세요. 보온병에서 물을 따라 버리고 냄비에 데운 우유와 잘 섞은 요구르트를 넣어주세요. 보온병 가장자리를 수건으로 잘 감싸준 다음, 12~24시간 정도 따뜻한 곳에 놓아두세요. 그동안은 병을 흔들거나 들어올리지 마세요. 그러고 나면 우유가 요구르트로 바뀝니다. 이렇게 만든 요구르트는 냉장고에서 5일 정도 보관이 가능합니다. 잼을 얹어 달콤하게 먹을 수도 있지요.

10) 길거리에 껌을 뱉으면 안 돼요!

대부분의 껌은 사실 특수한 화학물질의 혼합물로 만들어집니다. 그래서 거리에 뱉어진 껌들은 길바닥에 몇 년간이나 그대로 붙어 있습니다. 어떤 도시에서는 1제곱미터당 90개나 되는 오래된 껌들이 붙어 있기도 합니다. 그런 껌들을 제거하는 데는 많은 노력이 들어갑니다. 또한 막 뱉은 껌을 동물들이 잘못 먹게 되면 질식해서 죽을 수도 있습니다. 그러니까 껌을 버릴 때는 꼭 종이에 싸서 쓰레기통에 버리세요!

목욕할 때 & 옷을 입을 때

11) 비누를 더 깨끗하게!

샤워 젤은 대부분 플라스틱 병에 들어 있습니다. 샤워 젤 말고도 요즘은 많은 가정에서 손을 씻을 때 액체 비누를 쓰는데, 다 사용하고 난 빈 용기는 대부분 그대로 버려지지요. 빈 용기에 비누를 보충해서 사용해주세요. 때론 플라스틱 용기가 필요 없는 일반 비누가 더 향기롭고 깨끗하기도 하답니다.

12) 미세 플라스틱이 들어 있지 않은 화장품 사용하기!

플라스틱은 화장품에도 들어 있습니다. 어떤 것들은 눈에도 보이는 작은 알갱이로 되어 있고, 어떤 것들은 눈에 보이지 않게 숨겨져 있습니다. 예를 들면, 치약이나 샤워 젤, 선크림, 스크럽 제품 그리고 샴푸 같은 것들의 일부 제품이 그렇습니다. 제품 용기에 작게 인쇄된 성분표를 보는 것이 도움이 됩니다.

폴리에틸렌(PE), 폴리프로필렌(PP), 폴리스티렌(PS), 폴리에틸렌테레프탈레이트(PET), 나일론-12, 나일론-6, 폴리우레탄(PUR), 아크릴레이트코폴리머(AC), 아크릴레이트크로스폴리머(ACS), 폴리아크릴레이트(PA), 폴리메틸메타크릴레이트(PMMA).

이 복잡한 단어들은 쉽게 말하면 이런 말입니다. 미세 플라스틱에 주의하세요!

13) 의복 역시 주의해야 합니다!

대부분의 옷과 신발들은 거의 전부 혹은 일부가 플라스틱으로 만들어집니다. 따뜻한 플리스 스웨터나 땀이나 물기가 빨리 마르는 스포츠웨어는 당연히 우리에게 필요한 것들입니다. 하지만 이런 옷들은 세탁할 때마다 플라스틱 섬유가 떨어져 나와 물에 씻겨 내려갑니다. 가끔이라도 천연섬유로 만든 옷을 사는 건 어떨까요? 무엇보다도 필요한 옷만 구입하고 자주 입으세요. 그리고 더 이상 맞지 않는 작은 옷들은 그냥 버리지 말고 더 어린 동생들에게 물려주세요. 벼룩시장이나 중고시장에 가면 종종 아주 특별한 물건들을 구할 수도 있습니다.

14) 품질을 우선으로 고르세요!

가끔은 새 물건이 필요하기도 하지요. 알람시계나 배낭 같은 것들 말이에요. 여러 제품 중에서 골라야 할 때라면, 플라스틱 혹은 다른 물질들이 얼마나 많이 포함되어 있는 제품인지 먼저 확인해보세요.

무엇보다도 오래 쓸 수 있는 제품인지 살펴보세요. 금세 부서져서 버려지는 엉망인 제품도 있습니다. 중고 제품을 구입한다면 환경에는 더욱 도움이 될 것입니다. 여러분이 이미 가지고 있는 플라스틱 제품들도 가능한 한 오래 사용하고, 또 고쳐 쓰는 것이 좋겠지요.

학교에서

15) 책과 공책을 비닐 포장지로 싸지 마세요!

두꺼운 재활용 종이나 종이 포장지 혹은 신문지로 교과서의 표지를 싸도 좋습니다. 왜 모든 공책의 표지가 비닐 코팅이 되어야 하는지 선생님과도 얘기해보세요. 선생님들은 과목별로 공책들을 알아보기 쉽게 다른 포장으로 구분할 필요가 있을지도 모릅니다. 그렇다면 여러분 학급에서만 다르게 표시해보는 건 어떨까요? 예를 들어, 책등에 빨간 스티커를 붙이거나 앞표지에 눈에 띄는 예쁜 도장을 찍을 수도 있겠지요.

16) 책가방을 좀 더 환경친화적인 것으로 만들어보세요!

플라스틱 제품들을 모두 분류하고는 그냥 버리면 아무 소용이 없습니다. 가지고 있는 플라스틱 제품들을 가능한 한 오래 사용하세요. 새로운 학용품을 구입해야 할 때는 환경을 먼저 생각해주세요. 금속으로 만든 샤프펜슬, 나무로 만든 자, 종이로 만든 볼펜 같은 것들을 사용해보세요. 풀은 재활용 용기에 든 것을 사용하세요. 플라스틱이 아니라 가죽이나 면직물로 만든 필통도 있답니다. 천연고무로 만든 지우개도 있고, 빨리 말라버리는 수성 사인펜 대신 색연필을 쓰는 것도 좋겠지요.

17) 일회용 도시락 통을 피해 도시락을 싸보세요!

간식으로 먹을 빵이라면 재사용이 가능한 도시락 통에 넣어보세요. 제일 좋은 것은 금속으로 만든 통입니다. 랩이나 알루미늄 포일 혹은 종이봉투나 비닐봉지를 사용하는 것보다 훨씬 좋겠지요. 간식이 더 있나요? 그런 것들이 비닐 포장이 되어 있나요? 예를 들어 뮤즐리바 같은 것들은 직접 만들어서 도시락에 넣어보세요.

함께할 팁 : 뮤즐리바 만들기

말린 과일과 견과류 75그램을 최대한 잘게 자릅니다. 오트밀 180그램, 아몬드 2테이블스푼, 소금 1꼬집, 참깨 1티스푼을 함께 섞어줍니다. 냄비에 식용유 7큰술과 꿀 5큰술을 넣고 데워줍니다. 온도가 너무 높아서는 안 됩니다. 다른 재료들을 넣고 섞어줍니다. 반듯한 틀에 유산지를 깔고 뮤즐리 재료들을 올려놓습니다. 재료들을 단단히 눌러준 다음 30분 정도 냉장고에 넣어둡니다. 재료들이 다 굳은 후에 틀에서 빼낸 다음 적당한 크기로 잘라주면 뮤즐리바가 만들어집니다.

음료수를 마실 때

18) 수돗물을 마셔보아요!

가장 환경친화적인 음료는 수돗물입니다. 수돗물은 엄격하게 관리되고 있으며, 수돗물의 성분들은 우리가 마트에서 사는 생수만큼이나 우수합니다. 병에 옮겨 담을 필요도 없지요. 또한 수돗물은 매우 저렴합니다! 탄산수를 좋아한다면, 탄산수 제조기를 사용할 수도 있을 것입니다.

만약 생수를 사서 마신다면 기왕이면 재활용이 가능한 병에 든 것을 사는 게 좋겠지요. 아니면, 가능한 한 우리가 살고 있는 지역에서 가까운 곳에서 만들어진 것도 좋습니다. 유리병은 최대 50회, 재사용이 가능한 플라스틱 병은 최대 20회 정도가 재사용됩니다.

> 전 세계 사람들은 일 분에 백만 개 이상의 플라스틱 병을 구입하고 있습니다. 그 때문에 많은 쓰레기가 발생하고 있지요. 독일은 일회용 병에 대해 예치금을 부담시키는 몇 안 되는 나라 중 하나입니다. 그래서 대부분의 사람들이 병을 그냥 버리지 않고 집으로 가져옵니다. PET는 재활용하기가 쉽지만, 그러기 위해서는 많은 에너지가 필요합니다. 파쇄된 플라스틱은 종종 의류용 섬유를 만드는 데 사용되기도 하는데, 평균적으로 플리스 스웨터 한 벌을 만드는 데 16개의 PET 음료병이 필요합니다.

19) 음료병을 가지고 다니세요!

학교에서나 운동할 때 목이 마른가요? 그렇다면 재사용이 가능한 음료수 병을 가지고 다녀보세요. 금속이나 유리로 만들어진 것들도 있고, 천으로 된 물병 커버를 씌워서 다닐 수도 있을 거예요. 가능하면 비닐 파우치에 들어 있는 음료는 피하세요. 그런 파우치 중 일부는 완전히 플라스틱으로만 만들어져 있으며, 일부는 비닐 코팅이 되어 있습니다. 또한 빨대를 쓰도록 되어 있지요. 그만큼 많은 쓰레기가 발생하게 됩니다.

20) "빨대는 없어도 됩니다!"

음료를 주문할 때 환경학자들은 꼭 이렇게 덧붙입니다. 독일에서만 매년 400억 개의 빨대가 쓰이고 있습니다. 빨대는 해변에 흔하게 널려 있는 플라스틱 쓰레기들 중 하나입니다. 2021년부터 유럽연합은 빨대의 제조 및 사용을 금지하기로 했습니다. 최근에는 그 대체품으로 종이 빨대나 대나무 빨대가 생산되고 있습니다. 하지만 이것들을 만들 때도 상당한 에너지와 원료들이 필요합니다. 이는 또 다른 쓰레기를 만들게 되겠지요.

장난감

21) 더 신중하게 장난감을 고릅시다!

어렸을 적 오랫동안 가지고 놀았던 레고 블록이나 플레이모빌 같은 장난감을 어린 동생들에게 물려주는 사람은 이제 거의 없습니다. 어쩌면 여러분의 방에도 플라스틱 장난감들이 잔뜩 쌓여 있을 것입니다. 금세 망가져서 잠깐 가지고 놀다 마는 값싼 장난감들도 있겠지요. 생일이나 명절에 선물로 받은 것들도 있겠고, 또 재미있어 보여서 혹은 친구들 사이에서 유행이라 여러분이 직접 산 것들도 있을 것입니다. 그런 것들을 살 때 좀 더 냉정하게, 오래 고민해보세요. 그 장난감이 여러분에게 정말로 필요하고 또 원하는 것인가요?

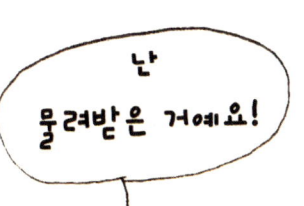

장난감은 어떻게 만들어질까요?

전 세계 장난감의 3분의 2 이상이 중국에서 만들어집니다. 전문가들은 이런 장난감들에 쓰인 플라스틱에서 점점 더 많은 독성 물질을 찾아내고 있습니다. 또한 많은 공장의 노동자들이 끔찍한 작업 현장에서 하루에 최대 14시간 동안 일을 합니다. 이 또한 꼭 필요하지도 않은 장난감들을 집에 쌓아두지 말아야 할 이유가 아닐까요?

22) 플라스틱 없이 물놀이를!

여름에 물풍선을 던지고 노는 것은 재미있지요. 하지만 어린이들은 종종 찢어진 풍선 조각들을 치우지 않고 그대로 놓아둡니다. 더 좋은 놀이는 없을까요? 물풍선 대신 젖은 스펀지 같은 것을 써보면 어떨까요?

23) 바람 빠진 풍선들!

친구들과 놀다가 풍선을 날려 보내본 적이 있나요? 꽤 재미있는 놀이지요. 하지만 그렇게 날아간 풍선들은 결국 어딘가에 떨어지게 되고, 그것을 동물들이 실수로 먹게 될 수도 있습니다. 플라스틱 뚜껑 역시 위험하기는 마찬가지예요. 풍선에 달린 긴 끈도 동물들의 몸에 감길 수 있어서 아주 위험합니다. 풍선을 가지고 논 후에는 어떻게 처리하면 될지 부모님과 함께 한번 더 생각해보세요. 가끔은 차 없는 거리 같은 곳에서 어린이들에게 풍선을 나누어주는 것을 볼 수가 있고, 또 풍선은 축제에서 장식으로도 많이 사용됩니다. 여러분이 직접 고민하고 결정해보세요. (가끔은) 그 풍선들을 쓰지 않으면 어떨까요?

일회용 용기들

24) 일회용 용기를 쓰지 맙시다!

공원이나 학교 축제에서뿐만 아니라 집에서 생일 파티를 할 때도 우리는 바비큐를 하면서 일회용 접시와 컵 등을 사용합니다. 플라스틱 사용을 줄이려면 이런 일회용 용기들 또한 사용하지 말아야 합니다. 그런데 종이 접시도 비닐 코팅이 되어 있는 경우가 많습니다. 이런 접시를 만들려면 나무와 다량의 물, 그리고 많은 에너지가 필요합니다. 환경단체에서는 플라스틱이건 종이로 만든 것이건, 일회용 용기는 모두 결국 쓰레기가 된다고 말합니다. 설거지해서 다시 쓸 수 있는 식기를 쓰는 것이 훨씬 좋겠지요.

25) 아이스크림콘을 먹어요!

세상에서 가장 맛있는 포장이 있다면 아마도 아이스크림콘일 거예요. 초코 아이스크림, 바닐라 아이스크림과 바삭바삭한 콘 과자를 한 입에 먹는 거지요. 플라스틱 컵에 담긴 아이스크림을 플라스틱 숟가락으로 떠먹는 대신 아이스크림콘을 먹는 게 어떨까요?

맛있어!
콘 과자도 맛있지!
그리고 환경도 생각할 수 있어!!

26) 간식을 먹을 때!

갑자기 배가 고플 때가 있지요. 그럴 때 패스트푸드점이나 스낵바 같은 곳에서 간단한 음식을 사 먹나요? 그때 나오는 플라스틱 쓰레기를 줄여보세요. 일단 포장이 간단한 것들로 골라보세요. 음료는 플라스틱 뚜껑을 덮지 않고 가져와서 테이블에 앉아서 드세요. 제과점에서 작은 빵을 살 때는 비닐봉지를 쓰지 않고 곧장 들고 와서 집에서 먹을 수도 있을 거예요.

27) 쓰레기를 아무 데나 버리면 안 돼요!

아이스크림 포장지, 과자 봉지, 막대사탕의 막대 등등은 반드시 쓰레기통에 버려야 합니다. 부주의하게 그냥 바닥에 버려지는 플라스틱 쓰레기는 바람에 날려 강으로 흘러들어 갈 수도 있습니다. 그것들은 결국 바다로까지 흘러들어 갈 수 있겠지요.

쓰레기들

28) 분리수거 챔피언이 되어볼까요?

몇 가지 방법을 사용하면 재활용통으로 들어가는 플라스틱을 더 잘 재활용할 수 있답니다.

● 포장재들은 대부분 서로 다른 유형의 플라스틱이 합쳐진 상태예요. 그러므로 이것들을 쓰레기통에 버리기 전에 각각 성질이 다른 부분들을 분리해야 합니다. 예를 들어 치즈가 들어 있던 용기의 뚜껑 같은 것들 말이지요. 그러면 쓰레기를 분류하는 시설에서 두 가지 유형의 플라스틱을 쉽게 처리할 수 있겠지요.

● 요구르트 컵에서 알루미늄 뚜껑을 떼어내세요. 광고 팸플릿의 비닐 포장지를 벗겨내고 따로 버리세요. 빵 포장지의 투명한 비닐, 플라스틱 뚜껑이나 택배 상자에 붙은 접착테이프 등도 모두 떼어내야 합니다. 그리고 종이는 종이 재활용 쓰레기통에, 알루미늄이나 플라스틱 제품들은 해당 재활용 쓰레기통에 넣어주세요.

- 컵에 든 요구르트는 숟가락으로 최대한 깨끗하게 떠먹습니다. 플라스틱 컵을 버리기 전에 물로 많이 헹구지 않아도 되도록 말이지요.

29) 음식물 쓰레기통에 플라스틱을 버리면 안 돼요!

음식물 쓰레기통 속에는 가끔씩 다 물러진 오이에 랩 같은 것이 붙어 있는 경우가 있습니다. 스티커가 그대로 붙어 있는 사과 껍질이 있을 때도 있지요. '생분해성' 비닐봉지라 해도 대부분은 퇴비 공장에서 제대로 분해되지 않는 경우가 많습니다. 결국 많은 미세 플라스틱이 유기비료에 섞여 우리의 논밭에 뿌려지는 것이지요. 그렇다면 어떻게 해야 할까요? 음식물 쓰레기통에는 조금의 플라스틱도 들어가서는 안 됩니다. 음식물 쓰레기는 봉지에 넣지 않고 그대로 작은 용기에 따로 모아야 합니다. 물론 매일 용기를 비워야겠지요. 여러분들 가정에서는 이미 그렇게 하고 있겠지요?

30) 쓰레기 줍기 운동을 시작해볼까요?!

매년 9월에는 전 세계 사람들이 모두 함께 해안을 청소하는 날인 '국제 연안 정화의 날(International Coastal Cleanup Day)'이 있습니다. 그 외에 독일의 환경단체인 NABU(Nature and Biodiversity Conservation Union) 같은 곳에서도 우리가 동참할 수 있는 여러 운동을 기획하고 있습니다. 꼭 그날이 아니더라도 혼자서 혹은 친구들과 함께, 아니면 여러분의 학급에서도 하루 날을 정해서 함께 실천해 보는 것도 좋겠지요. 꼭 해안이 아니더라도 쓰레기를 줍는 일은 아주 좋은 일이니까요.

진정한 프로들

뮌헨에 살고 있는 노아네 가족은 플라스틱을 거의 사용하지 않습니다. 엄마 안넬리제와 열두 살짜리 아들 노아는 그것이 그렇게 어려운 일은 아니라고 말합니다.

노아네 집에는 플라스틱으로 만든 물건들이 얼마나 있니?

노아 : 많지 않아요. 저도 가끔씩 중고 레고 블록을 사지만, 제 방에는 금세 망가지고 마는 플라스틱으로 만든 물건들은 거의 없어요. 우리 집에서는 욕실에도 샤워 젤 병이 있는 게 아니라 비누가 있어요. 주방도 마찬가지예요. 우리는 식료품도 거의 유리병이나 깡통에 든 것을 쓰고 있어요.

가족의 삶에서 플라스틱을 추방하게 된 계기가 있나요?

안넬리제 : 몇 년 전 크리스마스 때 우리 식구들이 모두 번갈아가며 아팠던 적이 있었어요. 2주 정도 집 안에서만 보내게 되었죠. 한데, 그

때 TV 방송에서 거대한 플라스틱 쓰레기 산을 보여주었어요. 저는 너무나 충격을 받았어요. 그리고 정보를 찾기 시작했죠. 플라스틱이 우리의 자연과 건강에 어떤 영향을 미치는지 말이에요. 그러다 보니 자연스럽게 플라스틱을 멀리하게 되더라고요.

노아네 가족이 다른 가족들과 다른 점이 있다면 어떤 것이 있을까요?

노아 : 일단 플라스틱 포장이 되어 있는 것은 사지 않아요. 예를 들면, 야채는 엄마가 직접 만든 친환경 봉투에 담아오죠.

안넬리제 : 우리 집에선 쓰레기가 거의 나오지 않아요. 진짜 필요한 것만 사니까요. 예를 들면, 겨울에는 굳이 토마토를 먹지 않아요.

토마토가 플라스틱과 무슨 상관이 있죠?

안넬리제 : 겨울에 토마토는 스페인의 비닐하우스 같은 곳에서 재배돼요. 이런 비닐하우스의 비닐이 종종 바람에 날려 바다까지 날아가

버려요. 그런 토마토는 당연히 여기까지 오는 데 시간도 많이 걸리고, 또 언제나 플라스틱 포장이 되어 있죠.

너무 많은 것을 포기해야 한다는 생각은 들지 않니, 노아?
노아 : 전혀요. 토마토는 여름에 먹는 게 훨씬 맛있으니까요. 저희는 플라스틱 없이도 잘 지낼 수 있는 방법을 계속 고민해요. 예를 들면, 초코바를 사 먹는 대신 직접 만들어 먹기도 하고요. 엄마가 못 하게 하거나 못 먹게 하는 것은 전혀 없는걸요.

너에게 플라스틱 장난감이 없다고 하면, 또 철제 도시락 통에 빵을 싸가면 다른 아이들은 뭐라고 하지?
노아 : 괴롭히거나 놀리는 아이들은 거의 없어요. 하지만 대부분의 아이들은 플라스틱 없이 살 수 있다고는 상상도 못 하겠죠.

그런데 노아는 어떻게 그럴 수 있지?

노아 : 저는 자연을 보호하는 게 아주 중요하다고 생각해요. 그건 결국 우리 스스로를 돕는 일이에요. 언젠가 자연이 더 이상 우리에게 아무것도 내어주는 게 없게 된다면 우리 인간은 더 이상 살 수가 없을 테니까요.

이제 시작해봐요!

여러분은 이제 플라스틱 전문가입니다. 여러분은 플라스틱이 얼마나 중요한 자원인지 알게 되었고, 우리가 그것을 더 이상 이렇게 생각 없이 소비해서는 안 된다는 것도 잘 알게 되었습니다.

우리들 한 사람 한 사람이 모두 플라스틱을 조금씩 덜 사용한다면 그만큼 우리의 환경을 구할 수 있어요.

이 놀랍고 신기한 지구는 우리에게 단 하나뿐입니다. 그 지구를 지키기 위해서는 우리의 노력이 절실하게 필요합니다.

여러 다양한 기관들에서 플라스틱에 관한 더 많은 정보를 얻을 수 있어요.

세계자연보호기금(WWF)은 전 세계에서 가장 큰 자연보호단체입니다. 무엇보다 동남아시아에서 넘쳐나는 플라스틱 홍수를 막기 위해 애쓰고 있습니다.
wwf.de   한국은 wwfkorea.or.kr

GREENPEACE

그린피스 환경재단은 정기적으로 플라스틱과 관련한 프로젝트를 기획하고 있습니다. greenpeace.de
한국은 greenpeace.org/korea

에코맘코리아는 국내 유일한 UNEP 파트너 NGO로 '대한민국에 환경의 가치를 심다'라는 비전 아래 지속가능발전을 이끌 에코리더를 키우고 있습니다.
ecomomkorea.org

BUND

독일 환경 및 자연보호 연합(BUND)은 무엇보다 강과 바다의 쓰레기를 없애는 데 주력하고 있습니다. Bund.net

글쓴이

델라 키늘레

저널리스트이자 어린이책 작가입니다. 그녀는 가족들과 함께 북해에서 멀지 않은 네덜란드의 도시 라이덴에 살고 있습니다. 그녀는 해변에서 조개 속에 든 플라스틱을 자주 발견하곤 합니다.

그린이

호르스트 헬마이어

오스트리아의 일러스트레이터입니다. 그는 여자친구와 함께 빈에 살고 있습니다. 그곳에서 두 사람은 농부들의 마켓에서 직접 야채를 삽니다. 낡은 티셔츠로 만든 장바구니에 담아오지요.

옮긴이

조연주

대학과 대학원에서 독문학을 전공한 후 줄곧 책 만드는 일을 하고 있습니다. 옮긴 책으로 소설 『아쿠아리움』과 그림책 『색깔의 여왕』 『아저씨, 왜 집에서 안 자요?』 『난민 이야기』가 있습니다.

플라스틱
얼마나 위험할까?

초판 1쇄 발행 2020년 2월 10일

지은이	델라 키늘레
그린이	호르스트 헬마이어
옮긴이	조연주
펴낸이	이혜경
디자인	이지아

펴낸곳	니케북스
출판등록	2014년 4월 7일 제300-2014-102호
주소	서울시 종로구 새문안로 92 광화문 오피시아 1717호
전화	(02) 735-9515
팩스	(02) 735-9518
전자우편	nikebooks@naver.com
블로그	nikebooks.co.kr
페이스북	www.facebook.com/nikebooks
인스타그램	www.instagram.com/nike_books

한국어판 ⓒ 니케북스, 2020
ISBN 978-89-98062-12-5 73530

책값은 뒤표지에 있습니다.
잘못된 책은 구입한 서점에서 바꿔 드립니다.

이 도서의 국립중앙도서관 출판예정도서목록(CIP)은 서지정보유통지원시스템 홈페이지(http://seoji.nl.go.kr)와 국가자료종합목록 구축시스템(http://kolis-net.nl.go.kr)에서 이용하실 수 있습니다.
(CIP제어번호 : CIP2020001597)

특히
우리나라 해안가에서 자주 발견되곤 하는
플라스틱 쓰레기들은
주로, 병이나 컵, 뚜껑, 빨대와 과자 봉지,
사탕봉지 등의 포장재들입니다.